Tohfaa
Shaadi Ka

TARUN VARSHNEY

INDIA · SINGAPORE · MALAYSIA

ISBN 978-1-63997-649-2

Acknowledgements

"Nothing is impossible, the word itself says 'I'm possible'!"

– Audrey Hepburn

It's very important that I acknowledge the people I value most in the world – my parents. Their consistent support during every phase of my life is unforgettable.

Only a few names but all are precious to me because everyone helped me to drive my thoughts towards a destination where this book stands so unique and beautiful. I'm so thankful to my wife, my brother and my friends – Ankit, Barinder, Krati, Prashant and Puneet for reading my manuscript. The feedback given by everyone was so unique because everyone belongs to a different background, so has a different observing style.

Being an author is an amazing feeling and having such beautiful people around you is the blessings of God.

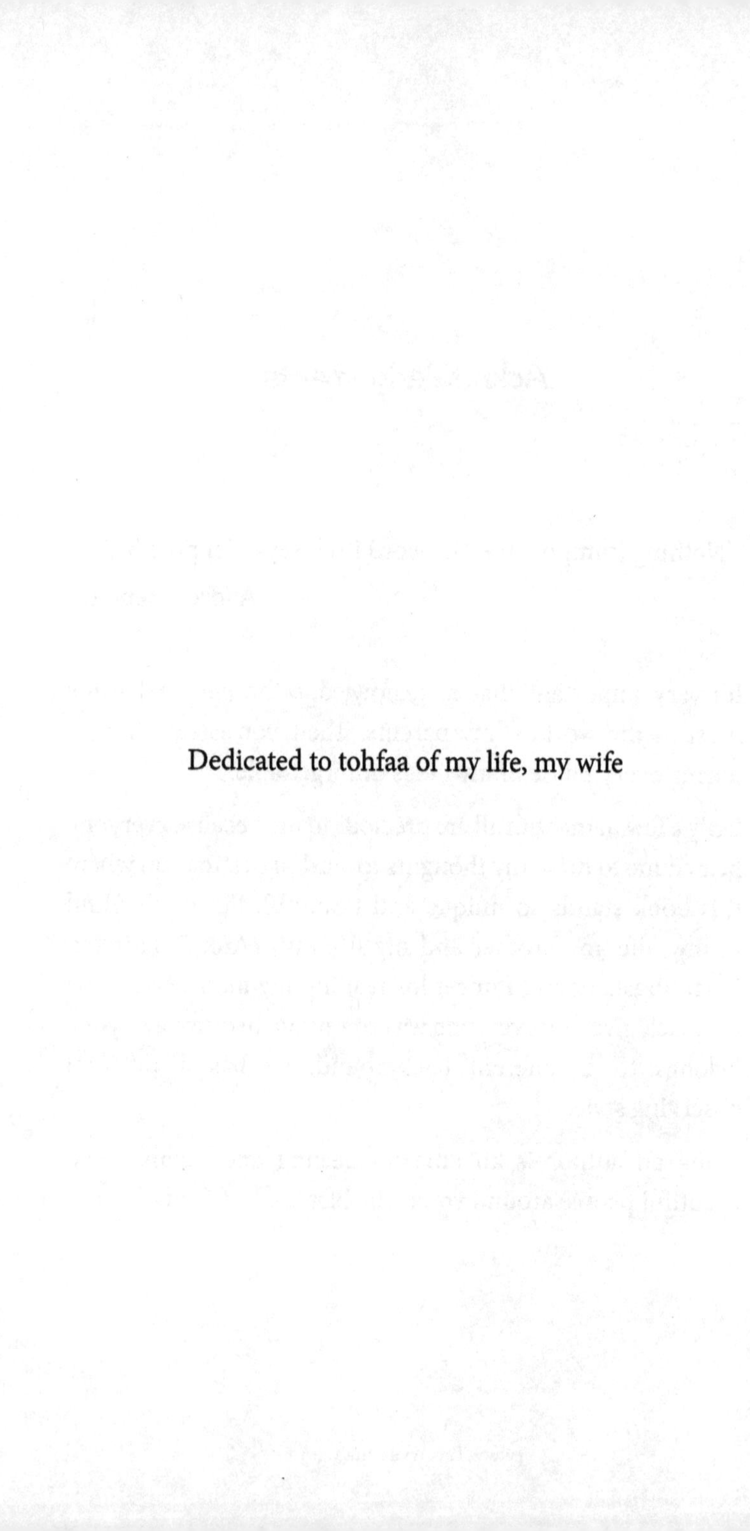

Dedicated to tohfaa of my life, my wife

Haseen Mulaqaton Ke Silsile

We had eleven meetings including the first meeting, ring ceremony, and wedding. The sequence of meetings formed a romantic chemical formula $HNAgH_4DNAlH$ (H-Hathras, N-Noida, Ag-Agra, D-Delhi, Al-Aligarh) between us. We were curious to know more about each other in every meeting though three of them were not known to our families.

1

The Beginning (Apr-May 2019)

yeh baat hai un dino ki jab mera shaadi
karne ka bilkul bhi mann nahi tha, jo bhi
rishte aate the mein sabhi ko kisi na kisi
bahane mana kar deta tha.

gharwalon ka pressure bahut rehta
tha, aise-aise emotional prahar kiye
jaate maano ghar ke bujurg shaadi
ke intezaar mein hi zinda hain.

jab uska rishta aaya to bhi yahi aalam
tha par na jaane kyun yahan meri
gharwalon ke saamne ek na chal paayi
aur mein ek ajeeb se mann se usko
milne chala gaya apne parivaar ke saath.

2

First Meeting (11 May 2019)

uske parivaar wale aur mere parivaar
wale sabhi pahunche the us din ko
khoobsurat banane ke liye par mera
mann abhi bhi 'na' karne ki soch raha tha.

bahut ladkiyan dekhin isse pehle par koi samajh nahi aayi, usse mila to maano waqt tham sa gaya, mujhe apne jyotishi par fir se yakeen aa gaya.

bas fir kya tha, kaise hamare dhai
ghante nikle baaton mein pata hi na
chala aur us din sab jhatpat ho gaya, ji
han, hamari shaadi pakki ho gayi.

agar isi ko alag andaaz mein kaha jaaye
to kuch aisa hoga ki uska muskurana is
kadar dil mein utra, sochkar to 'na' kehne
gaye the magar rishte ko 'han' kar aaye.

hamara roka kuch is tarah hua ki wo
bhi soch rahi thi aur mein bhi, hum logo
ko baat karne ka mauka nahi mil pa raha
tha sabhi ki khushi ke beech mein, ek
dusre ko bas dekh hi rahe the.

wo shaam ki walk mein hamari zindagi
ke kuch anchue pehluon ke saath-saath
hamare phone numbers bhi exchange
ho gaye, bahut keemti pal tha wo.

3

Between 1st & 2nd Meeting

mera bada mann tha ki wo meri pehli novel 'the ineligible millionaire' pade aur meri tareef kare, isiliye ghar wapas pahunchte hi maine apni novel uske ghar courier karwa di par wo bhi tej nikli, usne ek hafte tak chupaya ki novel usko mil gayi hai.

phone number to le liya tha uska magar messages hi koshish karte rahe, mein soch raha tha wo call karegi aur wo soch rahi thi mein call karunga, pehla hafta kuch aisa beeta.

pehli phone call kaafi choti rahi, hogi
kareeb aadha ghante ki, dono hi baat
karne ke liye topics khoj rahe the.

dusri phone call ka aalam yeh raha ki
raat 10 baje se shuru hokar subah 4
baje tak chali, agle din mein office mein
jaagne ki koshish kar raha tha aur wo
movie theatre mein.

4

Second Meeting (4 Jun 2019)

apne-apne gharwalon ko bataye bina
humko milna tha, plan uska tha aur
milne se ghabra bhi wo hi rahi thi.

jab maine usse poocha ki wo coffee legi
ya ice cream, mujhe na jaane kyun lag
raha tha ki wo ice cream hi bolegi, mein
sahi nikla, kuch-kuch to samajh raha tha
mein uske baare mein.

wo bhi kya ajeeb pal tha, wo mujhe
dekh rahi thi aur meri baatein ruk hi
nahi rahi theen, uski ice cream
dheere-dheere khatam ho rahi thi aur
meri dheere-dheere pighal rahi thi.

baatein jab shuru huin to hoti gayin, kabhi kuch to kabhi kuch, hum dono itne mashgool ho gaye ki ek-ek ghanta badhate rahe yeh kehkar ki ek ghanta aur rukte hain.

zindagi mein pehli baar aisa hua jab
mere phone ke camera ko mayusi haath
lagi photo ki jagah, waqt tha uski aur
meri roke ke baad pehli mulakaat ka.

saari raat mein uske phone ka intezaar
karta raha ki shayad wo pooche 'ghar
pahunche ya nahi?', agle din pata chala ki
wo ghar pahunchte hi so gayi thi, soch raha
tha ki kya mera intezaar karna sahi tha.

5

Between 2nd & 3rd Meeting

asar kuch yun hua us mulakaat ka ki
madam ki farmaish par is gambhir se
dikhne wale ladke ne apni zindagi ki
pehli tiktok video banayi aur
madam ko dedicate ki.

international yoga day par galti se
maine uske photo par 'you?' comment
kar diya, udhar se response aaya 'apni
fiancee pehchaan mein nahi aa rahi?',
poore ek ghante tak anjaane mein ek
hi building ke chakkar lagata raha usko
samjhane ke chakkar mein ki mera
wo matlab nahi tha.

agli mulakaat ki charcha bahut joron se
chal rahi thi, gharwalon ko lag raha tha ki
bacche do mahine se mile nahi hain, par
hum log to ek kadam aage
bad chuke the.

6

Third Meeting (21 Jul 2019)

us din subah-subah mere paas phool
nahi tha usko dene ke liye, pichli
mulakaat mein de nahi paya tha, socha
is baar kaise bhi de hi dunga, poore
raaste phool wale ki dukaan dhundta
hua ja raha tha aur kisi phool wale ko
meri parwah nahi thi.

badi mushkil se ek phool wala mila
galiyon mein kaafi ander jaakar par uske
paas us din gulaab tha hi nahi, bola
'babuji yeh chhota wala phool le jao isme
ek dandi laga dunga, gulaab hi lagega',
paas baithi uski biwi sharmate hue boli
'inhone humein isi se pataya tha'.

hum bikanervala par ruke aur maine
mauka dekhkar uski taraf phool bada
diya, wo bhi tej nikli aur ignore karke
gaadi se utar gayi, maine usko pukara to wo
muskurate hue wapas gaadi mein chali aayi.

socha tha ki phool dekhkar wo khush ho
jaayegi aur kuch accha sa kahegi
par sab kuch ulta hua, phool usne
bageir koi expression diye le liya aur
chupchaap apne hand bag mein rakh
liya, phir dheere se 'thank you'
bolkar gaadi se utar gayi.

maine apni zindagi mein pehli baar koi
movie dobara dekhi thi us din, wajah
uska mann tha wohi movie dekhne ka.

'tum na ek no. ke darpok ho' kehti thi
jab mein na milne ka bahana banata
tha, us din movie mein ek bandook ki
awaaz se hi darr gayi thi wo.

hamari pehli selfie phone ki gallery
mein darj hone wali thi par pose
apni baat par adaa raha aur bankar
nahi diya, fir hum dono muskura
diye aur pose ban gaya.

wapsi mein mera achanak se udaas
hona aur uska chupchaap se mere liye
gaadi ki khidki kholna, shayad usko bhi
pehli baar hua tha pyaar meri tarah.

pehli baar kisi ne tohfaa diya tha tees
saalon mein, bas mann bhar aaya
tohfon ko dekhkar, sochta hun ab tak
yeh ehsaas kahan the.

7

Between 3rd & 4th Meeting

wo sawan ka mahina aur saari raat apni
chhat par usse phone par baatein karna,
mera saath deti thi paani ki chand
bottalein jinko mein gala sookhne par
yaad kar leta tha.

wo apne baare mein kabhi kuch theek
se nahi batati thi, ek raat usne fir se 'pata
nahi' aur 'yaad nahi' kehna jaari rakha,
bas mera gussa foot gaya, pehli baar
usne 'sorry' bola.

wo uska couple dance ke liye jid karna
aur mera himmat na juta paana, bas
mera mann aur mere paanv ek dusre ko
blame kar rahe the.

maine jid ki aur hamari pehli video call
hui janmashtami ki raat ko, samajh nahi
aa raha tha ki ek dusre ko dekhein ya
phir baat karein, dus minute kuch aise
hi beete, phir humne phone call par
baatein ki.

usne farmaish ki aur kaha 'tum ek
lekhak ho to ek gaana likho aur mujhe
dedicate karo', maine thoda aasaan
raasta chuna aur bollywood blockbuster
ka ek gaana usko dedicate kar diya,
khush ho gayi thi wo.

8

Fourth Meeting (3 Sep 2019)

us din gaadi ka office na pahunchna aur
uske ghar ki taraf mud jaana, ajeeb si
bechaini thi usse milne ki, poore barah
ghante mein ghar se baher raha.

uske shahar mein mera wo bina
bataye jaana aur uska mujhe poore dhai
ghante intezaar karana yeh kehkar ki
bas paanch minute mein aa rahi hun,
soch raha tha ki wapas chala jaun par
ruk gaya yeh sochkar ki wapas to
kabhi bhi ja skta hun.

hum us din long drive par nikal gaye the,
mein gaadi chala raha tha aur wo meri
ajeeb-ajeeb si pictures click karke khush ho
rahi thi, pehli baar mujhe pose dene
ka mauka nahi mil raha tha.

maine poocha 'tumko mere saath kaisa
lagta hai?' to usne kaha 'accha lagta
hai', maine kaha 'bas accha lagta hai?'
to boli 'bahut accha lagta hai', maine
kaha 'kaisa mehsoos hota hai?' to
muskurakar boli 'pata nahi'.

9

Between 4th & 5th Meeting

surprise visit ka kuch aisa asar hua ki
pehli baar kisi ne phoolon ka guldasta
bheja mere office ke baher, mein
muskurate hue akhbaar mein lapet kar
la raha tha par wahan khade dost samajh
gaye the raaz phoolon ka.

us raat maine mazaak mein mana
kar diya ki aaj baat nahi karte kyun ki
kuch hai hi nahi baat karne ko, bas
fir message aaya 'don't call me from
now', poore tees minute messages par
minnatein karwane ke baad madam ne
phone uthaya aur mujhse jabardasti
'sorry' bulwaya.

sagai ka samay najdeek aata dekh
couple dance ki baatein fir shuru ho
gayin, mein mann hi mann soch raha
tha ki naachna na pade, mera dil tha
akela usne khel aisa khela ki is gambhir
se dikhne wale ladke ko us din sabke
samne 'han' karni padi.

Fifth Meeting (30 Sep 2019)

wo naachne ki practice uske saath mein
aur mann ka na hona mere saath mein,
dheere-dheere sab kuch uska hone laga
tha, mauka tha couple dance ki tyaari
ka sagai ke liye.

baaton ko na jaane jaise mauka mil gaya
ho ek dusre ke kareeb aane ka, kuch
uski jaroori baatein theen to kuch meri,
lafzon ke is khel mein na jaane kitni
baatein behkar jubaan par aa gayin.

us din laal bullet par uska mere peeche
baithna, maano pichle tees saalon se us
ehsaas ka mein intezaar kar raha tha.

Between 5th & 6th Meeting

usne challenge kiya ki mein usko agle
din subah suraj nikalne se pehle uske
ghar ke baher aakar milun, maine
accept kar liya aur saalon ke baad ghadi
ne mera jaldi sona dekha.

aankh lag chuki thi, sapne aane ki tyaari
kar chuke the, aankhon ne sapno se
wada jo kiya tha kuch ghante khamosh
rehne ka, saari raat aankhein apna wada
nibhane ki koshish karti rahin, kabhi
khulti to kabhi lag jaatin.

kuch-kuch sapne aaye aur ajeeb-ajeeb
se experience laaye, na to meri
ijazat li aur na uski, maano apni hi
manmaani kar rahe the aur
mujhe bechain kar rahe the.

12

Sixth Meeting (1 Oct 2019)

subah 5 baje usko phone kiya to usne phone nahi uthaya, jab uthaya to boli ki mein nahi aa paungi mammi papa jaag gaye hain, tum ek kaam karo, chale jao, phir bahut minnatein karwane ke baad madam aayin.

is baar phone active tha, camera ne
jhatpat selfie le li, usne makeup nahi kiya
hua tha aur meri neend poori nahi hui
thi, waqt tha subah ke 5:30 baje.

wo subah-subah suraj nikalne se pehle
uski gali mein jaana aur usko bahon
mein na bhar paana, lautte waqt bas
soch raha tha ki kaash.

wo ek minute ki mulakaat karke uska
lautkar apne ghar jaana aur uski mammi
ka poochna ki maine kya kaha, uska
dheeme se bolna 'kuch nahi' aur
mammi ka kehna 'to kya sirf dekhne
aaye the', wo sharma gayi thi.

13

Between 6th & 7th Meeting

pichle kai dino se baar-baar poochne ke
baad usne phone par 'i love you' bola
aur boli 'mein sach keh rahi hun', mein
uske 'i love you' ko baar-baar mann
mein dohra raha tha.

maana chaar dino ke baad mujhe usse
sagai par milna tha, par kaise samjhata
sabko ki mera us din usse milne ka
bada mann kar raha tha.

agle din sagai thi aur raat ke 11 baje kisi
baat par hamara jhagda ho gaya bagair
humse permission liye, us jhagde ki
umra agle din subah tak hi thi.

14

Seventh Meeting (8 Oct 2019)

pehli baar aisa hua ki mein kisi gaane
ki dhun se jyada uske shabdon par
gaur kar raha tha, aakhir wo gaana usne
mujhe dedicate jo kiya tha, mauka tha
hamari sagai ka.

us din taaliyan bajin bahut joro se
jab humne ek dusre ko angoothi
pehnayi aur ek dusre ka haath pakda,
chupchaap ek khoobsurat par anjaana
sa bandhan badi shaleenta se
hum dono ko ek kar gaya.

wo 'pehla nasha' gaane ki dhun aur
hum dono stage par, bahut hooting hui
thi us waqt, uska mera haath pakadkar
ghumna aur mujhe dekhna, steps bhool
gaya tha mein.

chaar din pehle hi to usne mujhse apne

pyaar ka ijhaar kiya tha phone par,

na jaane hamari sagai wale din sabke

saamne wo kyun mukar gayi.

baijjati kya hoti hai aapko tabhi pata chalta hai jab aapki biwi karti hai, usne sagai par sabke samne poore dus minute mujhe ghutno par baitha kar rakha, mic mein bolkar inkaar kar rahi thi aur aankhon hi aankhon mein mujhse keh rahi thi 'kya tum mere liye thodi der aur nahi baith skte ho?', wo ek-ek second bahut lamba lag raha tha aur mera inkaar karne ka mann nahi kar raha tha.

wo sagai ke baad hamara bageeche
mein baithna aur dono ka ek saath
poochna 'aage sab theek hoga na?',
hum dono hi has diye the.

mujhe usko sagai ka gift dena tha,
bahut mann se lekar gaya tha, bas
baaton ki toofani majhdhaar mein gift
naam ki nauka aage bad hi nahi paayi.

15

Between 7th & 8th Meeting

wo ek khamosh sagai wali raat aur hum
dono, saari raat humne saath gujaari
phone par, ek hi shahar mein alag-alag
jagahon par, jisme ek train mere
ghar se uske ghar bhi gayi thi.

mand-mand gati se samay gujar raha tha,
sab accha sa lag raha tha, wo ladai-jhagde,
wo ruthna-manana, sab kuch, dono
poore hi aashiq ban chuke the un dino.

maine socha shayad usne vrat rakha
hoga karwachauth ka aur usne socha
maine, shaam ko pata chala ki dono hi ek
dusre ke kehne ka intezaar kar rahe the.

16

Eighth Meeting (19 Oct 2019)

wo dilli ki galliyon mein uska
haath pakadna aur chalna, mere
dono paanv apni chaal chhorkar
uski chaal chal rahe the.

wo gharwalon ka uske liye lehnga
pasand karna aur uska chehera fir bhi
na khila hona, samajh gaya tha mein
uske mann ki baat.

wo chandni chowk mein uske haathon
se pineapple khana, kaise kehta us din
pineapple se jyada wo lajawab lag rahi thi.

lunch ke dauran hamare gharwalon
ne hum dono ko alag table par baitha
diya, unka lunch khatam hota dekh
maine apne khane ki speed slow kar di,
poore aadhe ghante gharwale humein
ghoorte rahe is umeed mein ki hamara
lunch kab khatam hoga.

17

Between 8th & 9th Meeting

uska agle din shopping par chalne ko poochna, shopping se jyada mein milne ke liye baichain ho raha tha, bahut saari baatein jo karni theen.

fir ek baar aisi raat aayi jiske pehle
hum mile the aur agle din bhi humko
milna tha, baaton ki kashti phone ke
majhdhaar mein saari raat kuch aisi chali
ki uske aur mere sapne bura maan gaye.

subah hui to sapno ne aankhon se
shikayat ki wada na nibhane ki, dono
ki aankhein khamosh rahin, dilon ne
aankhon ko rishwat jo de rakhi thi.

18

Ninth Meeting (20 Oct 2019)

us din pre-wedding shoot ki shopping ko nikle the hum log aur post-wedding life ki baaton mein kho gaye, shoot se jyada life jaroori lag rahi thi.

wo toy train mein uske paas baithna
aur uska mujhe bahut kareeb se bina
palak jhapkaaye dekhna, mere shabd
ladkhada gaye the.

aaj usne izhaar kiya apne pyaar ka
pichle paanch mahino mein pehli bar,
wo bol rahi thi aur mera nivala muh tak
pahunchne ka intezaar kar raha tha.

wo paan ka swaad uske haathon
se khane mein, wo uska mujhe bina
ruke dekhna gaadi mein, soch raha
tha agar us din wo bus na pakad
paati to kitna accha hota.

19

Between 9th & 10th Meeting

'hmmm' shabd aur khamoshi ki itni manyata kyun hoti hai naye-naye pyaar mein, yeh hum dono ne phone par ghanto baat karne ke baad jaana, kam se kam lakhon baar to istemaal kiya hi hoga.

kuch din aise beete ki hum khaans-khaans
kar baatein kar rahe the phone par,
usko wet cough tha aur mujhe dry.

'tum aur mein koi alag-alag thode
hi hain, ek hi to hain, yeh kitni badi
baat hai', aisa sunkar poori raat mein
muskurate hue soya, agle hi din
wo is baat se mukar gayi.

20

Tenth Meeting (25 Oct 2019)

phir ek baar humne gharwalon ko bina
bataye milne ka socha, us din wo aur
mein apne-apne ghar se kaam par nikle
to the par pahunche kahin aur the.

wo mera gaadi chalate hue usko phone
karna aur uska scooter chalate hue
attend karna aur uski awaaz theek se na
aane par mera poochna 'kya keh rahi ho,
i love you? i love you too'.

wo ice cream parlour mein uska mujhe
ice cream khilana, us din ice cream ki
bajaye mein pighal raha tha.

wo tohfe mein usne di ek shirt jo
mujhe diwali par pehenni thi, chaunk
gaya tha mein uski fitting ko dekhkar ki
kisi ka andaja itna sateek
kaise ho skta hai.

21

Between 10th & 11th Meeting

hamari dusri video call hui diwali ki
raat ko, is baar jid uski thi kyun ki
maine uski gift ki hui shirt pehni
thi jo usko dekhni thi.

intezaar tha diwali se agli raat ko ki wo
phone karegi aur mera haal poochegi,
mein saari raat khaans raha tha par
uska phone nahi aaya.

pre-wedding shoot planned tha aur mere kuch urgent kaam ki wajah se wo cancel ho gaya, poore do ghante phone par usne gussa nikala, pehli baar usko itne gusse mein dekha tha.

22

Eleventh Meeting (21 Nov 2019)

wo usko dekhne ka intezaar aur lamba
hota ja raha tha, wo 7 baje se tyaar
baithi thi aur hamari baraat mein kisi
na kisi wajah se deri hoti ja rahi thi.

varmala hone wali thi, sabhi mujhe
stage par akela chhorkar chale gaye,
daal mein kuch kala sa lag raha tha, fir
wo aayi bahut saare gifts aur cake lekar,
pata chala mera birthday celebrate hone
wala hai jo ek din pehle tha.

wo feron ka samay jo raat ko 11 baje
tha, sabhi kuch deri se ho raha tha,
muhurat bhi nikla ja raha tha, aakhir fere
subah 4 baje kareeb shuru hue, panditji
bole 'brahm muhurat mein ho rahe hain
fere aur vrishchik lagna uday ho rahi
hai', par lagna actual mein tula uday ho
rahi thi us waqt, panditji chook gaye the.

aakhir wo ek ghar chhorkar dusre ghar
aa gayi, ab dono gharon ke naam maika
aur sasural pad chuke the, bahut saare
naye rishte jud chuke the jo hum dono
ko milkar nibhane the.

sabhi keh rahe the ki ghar mein laxmi
aayi hai par mera kehna to kuch aur
hi tha 'aaya naya ujaala chaar boondon
wala', d(1) i(2) v(3) a(4).

Ajab Safar Mein Gajab Humsafar

(Part 2: Honeymoon)

We traveled to Thailand for seven days with a few clothing options. This trip was an adventurous part of our lives where we faced unwanted situations and sorted them out together. We captured most of the moments in the form of vlogs and published later on our Youtube channel.

1

The Beginning (Nov 2019)

hamari shaadi ho chuki thi aur ghar mein rashme chal rahi theen, kuch mehmaan abhi bhi ruke hue the aur masti bhara mahol tha.

shaadi se pehle humne honeymoon
ke liye international destination chuna
tha jiski bookings maine chupchaap
karwa di theen usko bataye bagair,
surprise jo dena tha.

shaadi se kareeb ek mahine pehle maine
usko bataya 'honeymoon ke liye hum
india se baher nahi ja payenge kyunki akhiri
moment par sabhi international tickets
mehngi ho gayi hain, india mein hi koi
destination book karna padega', wo boli
'akele hi chale jaana fir honeymoon par'.

jab ek din pehle usko pata chala ki
hum thailand ja rahe hain to wo khushi
se jhoom uthi, kuch hi pal mein wo
khushi chinta mein badal gayi jiski wajah
uske paas thailand ke mausam wale
kapdon ka na hona tha.

fir kya tha, usi din shaam ko hum
shopping ko nikle aur pasand kuch
khaas aaya nahi, ghar aate-aate baj gaye
12 aur packing karte-karte baj gaye 2.

subah kareeb 7 baje ki flight thi aur
humko 4 baje ghar se nikalna tha, bas
so gaye yeh sochkar ki uth jayenge par
raita to yahin failna tha.

2

Day One (26 Nov 2019)

subah 5 baje hum uthe ya kehlo ki
mammi ke dwara jabardasti uthaye gaye,
bas girte-padte tyaar hue aur bhaage.

chhote bhai ne gaadi nikaali aur fatafat
se airport ki taraf dauda di, par nayi-nayi
bhabhi ko dilli ke raaston se avgat
karane ke chakkar mein chhote miyan ne
6 baje jaakar gaadi airport par roki.

baher queue lagi hui thi, badi mushkil
se jaise-taise hum airline counter tak
pahunche, samay ho chuka tha ab 6:15,
pata chala ki counter band ho chuka
hai thodi der pehle hi, bas ho gayi ek
haseen safar ki shuruaat.

bahut koshish ki par indigo walon
ne ek na suni, samajh nahi rahe the ki
honeymoon par thoda adjust kar lete.

ab baari thi biwi ko impress karne ki,
pehla impression to kharab ho hi gaya
tha, bahut dimaag lagaya, agent se baat
ki, doston se baat ki par conclusion yahi
mila ki nayi flight hi book karani padegi.

nayi ticket 24,000 rupees ki mil rahi thi spicejet ki par usme lafda tha, humko airport change karna padta bangkok mein wo bhi taxi lekar raat ko 1 baje.

darr to lag raha tha itni raat ko anjaan
desh mein, par us flight se hum
subah apna tour shuru hone se pehle
pahunch jaate, darte-darte book kar di
flight jisse ki tour na bigde.

gharwalon ke phone aa gaye 'beta board kar li flight ya nahi?', ab beta unko kaise bataye ki bete ko abhi-abhi 24,000 volt ka jhatka bahut zoron se laga hai.

aakhir flight humne board ki aur
raat ko bangkok ke swarnbhumi
airport pahunche, wahan immigration
check hote-hote aur visa lete-lete
do ghante nikal gaye, phir humne do
sim card bhi khareede.

jaise hi phone mein network aaya
vaise hi sasur ji ka phone khatkhataya,
maine turant hi phone uthaya aur unko
bataya ki sab kushal mangal hai
under your chhatrachhaaya.

aadhi raat ko jaise hi hum airport se
baher nikle humne selfie li aur taxi mein
dong-huang airport ke liye sawar ho liye.

sunsaan raaston se hoti hui hamari taxi
kuch is tarah gujri maano humne ek
ghante ka horror show dekh liya ho.

airport pahunchte hi saans mein saans aayi par aankhon mein neend kud rahi thi aur pet mein chuhe, kuch cleaners aur chand logon ke alawa wahan sirf hum hi the.

kaafi dhoondne par mila humko king
wala burger jisko humne kar diya
jhatpat order, fir pet puja kar nikal
pade hum boarding par.

security check ke dauran hum do
frustrated becharon ka sabra toot gaya
aur befizool ki baat ko lekar aapas mein
lad liye kuch aise ki bolchal band ho
gayi, dono apne-apne bane hue muh
aur luggage ke saath boarding gate tak
pahunche aur chupchaap baith gaye.

5 baje boarding honi thi aur baj rahe
the teen, palkein jhapkate hue, neend
ko bhulate hue aur apne-apne muh
ko banate hue boarding hone tak
ek-dusre se nazre bachate rahe.

3

Day Two (27 Nov 2019)

6:30 baje hum krabi pahunche par baatchit abhi bhi band thi, bina kuch bole hum airport ke baher khadi apni taxi mein jhatpat baith gaye.

jaise hi taxi chali aur jo subah-subah ki taazi hawa hamare chehro par padi, hum dono khil uthe aur baatchit shuru ho gayi.

hotel pahunchte hi ehsaas hua maano
hum apni haari hui jung jeet gaye hain par
jeet ki khushi turant hi samapt ho gayi jab
hamare tour wale ne bataya ki aapke aaj
ke tour ke paise taxi mein adjust ho gaye
hain, aapko extra pay karna padega.

soch mein pad gaye dono ki kya karein,
aankhein abhi bhi bhaari ho rahi theen
dono ki, pichli do raaton se theek se
soye jo nahi the, fir socha ki rehne dete
hain aur aaram kar lete hain.

room bahut hi khoobsurat tha aur baher
ka view bhi kaafi accha tha, sab kuch
theek chal raha tha ki achanak se airport
wale jhagde ko lekar fir jhagda ho gaya aur
kareeb ek ghante tak tark-vitark chala.

jhagda khatam hua to fresh hokar
hum so gaye, 12:15 baje aankh khuli
to breakfast ka yaad aaya, reception
par call kiya to unhone kaha 'sorry sir,
breakfast timings are upto twelve only'.

room mein instant noodles ke do bowl
dikhe, hamari umeed jagi par wo
non-veg the jo dono ko hi nahi khane the.

ab dono active mode mein aa chuke the aur socha ki baher jaakar hi kuch khaate hain, fatafat tyaar hue, perfume lagaya, sunglasses pehne aur krabi ghumne nikal pade.

hotel ke paas se scooter rent liya
aur long drive ke mann se trip
ka shree ganesh kiya.

vlogging ka mann hua to humne phone
ka camera jhatpat on kar subharambh
kiya apne youtube channel 'tv&dv' ka.

jitna dur scooter se ja skte the utna
krabi town humne ghooma, raaste mein
photos kheenche aur coconut shake ka
swaad liya jo ki bahut wahiyat tha.

beach par hum baithe hi the ki bhookh
ka ehsaas hua, socha egg biryani hi kha
lete hain, pet-puja karke bada sukun
mila aur din ka safar yahin khatam hua.

raat ko walk karke beach par pahunche
to pata chala ki uska ek earring kho gaya
hai jo mein america se laaya tha, kareeb
ek ghante tak dhoonda par mila nahi.

us raat dinner mein humne pizza aur
beer ko invite kiya, beach side us dinner
ka swaad hi kuch aur tha.

4

Day Three (28 Nov 2019)

scooter wapas karna tha aur 2 baje
hamari ferry thi phuket jaane ke liye,
arthaat samay bahut tha hamare paas,
poore do ghante humne breakfast enjoy
kiya, kuch na kuch khaate rahe
aur baatein karte rahe.

samay rehta dekh humne hotel se checkout
kiya aur luggage reception par rakhkar
scooter ride par dobara nikal pade, is baar
usne scooter kuch aisa chalaya maano f1
race mein pratham aana ho.

wapsi mein baarish shuru ho gayi aur humko raaste mein ek shop par rukna pada, banana chips aur gupshup ke majboot jod ne hamara saath diya, bas chai hi nahi jud paayi.

1 baj chuka tha aur baarish abhi bhi barkarar thi, samay nikalta dekh wahin paas wali shop se peeli barsaati kharidi aur bhari barsaat mein peele hokar petrol bharwate hue hotel pahunche.

krabi ke pier se ab hum ferry mein
sawaar ho chuke the, mausam bahut
accha ho raha tha, halki-halki baarish
thi aur hum dono ferry ki deck par
khoobsurat nazare dekh rahe the.

wo alag-alag pose mein photo khichwa
rahi thi ki achanak hawa ka jhonka aaya
aur uska chasma udkar paani ki lehron
mein sama gaya maano chasma kisi
baat ka bura maan gaya ho.

baarish badti dekh hum neeche aa gaye aur
uski non-stop baatein sunte-sunte meri
aankh lag gayi, aankh khuli to dekha ki wo
mere seene par sar rakhkar so rahi hai.

shaam ko phuket pahunche to hotel ke paas wale indian restaurant mein jaane ko tyaar hue, kya pata tha ek choti si jung hamara intezaar kar rahi hai.

restaurant mein hamara dahi ko lekar owner se jhagda ho gaya, uska dahi bahut khatta tha aur wo maanne ko raazi nahi tha, usne wahan sabke samne halla kar diya, sabko apne haathon se dahi chakhwane laga aur poochne laga ki batao yeh khatta hai ya nahi, halla rukta na dekh ek couple ne usko bola ki koi kam khatta khata hai to koi jyada, isme itna halla karne ki kya baat hai, tab jaakar wo bhaisaab shaant hue.

humne wo dahi nahi khaya lekin humko
uske paise dene pade, kaun bahas karta
us akalmand insaan se, wo bhi apne
honeymoon par.

5

Day Four (29 Nov 2019)

hotel mein breakfast ke liye humne
plates lagaayin hi theen ki phi phi island
jaane ko shuttle aa gayi, maine driver
ko rukne ko kaha par usne 'if you are
not coming sir right away then i will
leave' kehte hue shuttle start kar di,
ek acche yaatri ki tarah humne fatafat
sandwiches tissue paper mein rakhe aur
shuttle mein virajmaan ho gaye.

pier par sab haathon mein hath daale ghum rahe the, kuch desi chehre the to kuch videsi, sirf hum hi ek aise chehre the jo haathon mein sandwiches liye ghum rahe the.

us din khili hui dhoop thi, neela
samandar tha aur ferry ke deck se
bahut hi khoobsurat nazare dikh rahe
the par samasya chashme ki thi jo
hamare paas ek hi tha.

photo session shuru hua par saath mein
ek bhi photo sahi nahi aaya, wo chashma
lagati to meri aankhein band aati aur
mein lagata to uski aankehin band aati.

jaise hi dopahar ko ferry phi phi island
pahunchi, uska mission chashma shuru
ho gaya, kabhi ek chashme ki dukaan
par to kabhi dusri, udhar mere pet mein
chuhe disco kar rahe the, 'pehle pet puja
phir kaam duja' ka vasta diya tab jaakar
uska mission chashma hold hua.

restaurant mein sabhi desi the, laga hi nahi ki hum videsh mein hain, vaise to mein meetha kam khata hun par yahan meethe chawal ke aage mein fisal gaya aur josh-josh mein teen baar order kar diya.

chashma khareedte waqt humne
bargain kiya aur 250 thai baht ka ek
na lekar 300 thai baht ke do le liye, jab
shopkeeper se pouch maanga to wo
chidkar boli 'you want each in 250?',
hum samajh gaye aur wahan se nikal liye.

kayaking karte waqt mujhe chappu
chalana nahi aa raha tha jis wajah se boat
turn nahi le pa rahi thi aur aage badti ja
rahi thi, dusri taraf wo aage baithkar
befikri se vlogging ke maje le rahi thi.

kuch hota na dekh usne bataya ki

chappu kaise chalate hain, tab jaakar

hamari boat turn hui aur madam ka

experience kaam aaya.

kareeb do ghante humne kayaking
ki aur jamkar vlogging bhi, isi beech
paani mein hamari boat ek lady ko
lagte-lagte bachi, boat bhi apne
naye-naye chaalak se anand le rahi thi.

hum kuch aur activity kar paate usse
pehle hi ferry ke jaane ka samay ho gaya
aur humko bina shower liye us island se
prasthan karna pada, soch rahe
the ki thoda aur ruk paate.

shaam ko hum apne hotel pahunche
aur nikal pade paas wale bazaar ki taraf
dinner ke liye, pancake se lekar ice
cream sabhi cheezein try ki street food
mein, sirf khana hi nahi khaya us raat.

6

Day Five (30 Nov 2019)

subah-subah jaldi se pet-puja karke
hum shopping ko nikal gaye paas ke
bazaar mein, fridge magnet se lekar
massage oil tak sabhi items dikhe par
kuch adbhut dekhne ki chah mein
nazrein ghumti rahin, aakhir mein
handmade soaps dikhe jinme kuch fruit
shape ke the to kuch ashleel shape ke.

abhi sirf 11 hi baje the aur humko fir se bhook lag aayi, hum wapas hotel pahunche aur fir se breakfast kiya kyun ki breakfast time 12 baje tak tha, ajeeb to tha par hum to hum the.

1 baje hamari shuttle aa gayi aur city tour
shuru hua, hamare alawa shuttle mein ek
couple aur tha jo bangalore se aaya tha,
shuttle mein desi gaane baje to humne
bhi jamkar 'lip sync battle' kar dala.

hum karon view point, wat chalong temple, cashew factory, honey bee farm aur diamond store ghumte hue, vlogging karte hue wapsi mein patong beach pahunche hi the ki uska phone switch off ho gaya aur mere ki memory full.

hotel aate-aate kaafi thak chuke the
dono aur bhookh bhi lagne lagi, maano
paas wali pizza shop humein bula rahi
ho aur seeti baja rahi ho.

agla din maine tour walon ko pehle hi bolkar free rakhwaya tha jisse ki hum apne hisaab se ghoom sakein ya shopping kar sakein, pata nahi tha ki hamara 4-island tour jo pehle din reh gaya tha wo agle din poora hoga.

ab baari thi 4-island tour ko book
karane ki to hotel ke paas wali ek shop
se humne agle din ka tour book kar
diya, jo humko aadhe rate mein pada.

7

Day Six (1 Dec 2019)

us din hamara 4-island tour tha, humein pehle hi pata tha ki shuttle hamare liye nahi rukegi to 6 baje se hi breakfast mein sabhi dishes try karte rahe kuch ek baar to kuch baar-baar shuttle ke aane tak.

pier par hum dono ne ek-ek hat khareedi

madam ke kehne par jisko pehenkar ekdum

videshi paryatak lag rahe the dono.

boat par sawaar hote hi humne vlogging shuru kar di, kuch photos bhi khichwaye titanic style mein, soothing music tha aur kuch log dance kar rahe the, bahut accha mahol tha.

boat chalti rahi, music bajta raha, baatein
hoti rahin aur dopahar ho gayi, fir
humne sabhi ke saath thai lunch kiya
jiska jitna anand sabke saath khane mein
tha utna swaad mein nahi tha.

james bond island par bhi humne
vlogging ki aur google ko kasht diye
bina logon se jaana ki usko jamesbond
island kyun kehte hain.

ab hamari boat hong island ki
taraf chal padi jo apni caves aur lime
stone se bani bhinn-bhinn akritiyon
ke liye prasidh hai.

hong island humne canoeing karte hue ghuma, wahan ek honeymoon cave bhi thi jisme pedon se dil ke aakaar ki ek aakriti bani hui thi jahan sabhi couple photo jaroor khichwate hain.

lautte waqt hamare nauka chaalak ne

wahan ped ki chhaal se ek phool banaya

aur mujhe diya madam ko dene ke liye,

phool paakar wo bahut khush ho gayi

aur hamare nauka chaalak ko dhanyawad

bola saath hi mujhse tip bhi dilwayi.

mausam bahut kharab ho chuka tha,
tej baarish hone lagi aur andhera sa chha
gaya, mausam sahi hota na dekh hamari
boat ek island ko chhorkar aage bad
gayi aur aakhiri island par jaakar ruki.

baarish abhi bhi ho rahi thi, kuch log
island par utar gaye aur kuch aalas
kar gaye hamari tarah.

boat ki deck par hum dono, baarish
wala mausam aur ek cup garam coffee,
apne abhi tak ke anubhav ki baat
karte-karte ek video record ho gayi
youtube channel ke liye.

shaam ko hotel pahunchkar dinner
mein desi khana khane ka mann kiya to
hum ek aise italian restaurant mein gaye
jahan desi khana bhi milta tha, hamari
umeed ke vipreet khana lajawab tha.

8

Day Seven (2 Dec 2019)

apna aakhiri breakfast thailand mein
karne ke baad hum honeymoon ki
yaadon ke saath taxi se phuket airport
aur wahan se flight pakadkar bangkok
airport pahunche par ek aakhiri yaad to
abhi sammilit honi baaki thi.

teen ghante ka layover tha aur king wala
burger khaate hue baatein hoti rahin,
currency exchange karani thi aur raita
bhi to fir se failna tha.

currency exchange wale staff ko kaafi samay lag raha tha aur hum flight ke liye late ho rahe the, kaam banta na dekh hum bina exchange karaye hi bhaage airline counter ki taraf, unfortunately wo band ho chuka tha.

ji han, fir se hamari flight humein liye
bagair chali gayi, bahut koshish ki par
baat bani nahi, chinta is baat ki jyada thi
ki gharwalon ko kaise batayenge.

airport par pata kiya, internet par dhunda, badi mushkil se air india ki flight mili jo kareeb-kareeb usi samay dilli pahunch rahi thi.

maine aao dekha na tao, online flight
book kar di, jab counter par pahunche to
pata chala ki booking confirm nahi hui hai.

airline staff keh rahi thi 'if you want to book this flight, book right away from here else booking will be closed', maine apna credit card aage bada diya aur flight book karne ko kaha par samasya ko itna sab hone ke baad bhi santushti nahi thi.

mera credit card nahi chala aur mere
paas thai baht utne bache nahi the, fir
ek-ek note aur coin apni-apni pocket
se humne nikaale aur gine, abhi
bhi kam pad rahe the.

chehre par shikan liye apni indian
currency nikali aur fatafat paas wale
exchange par mein bhaag kar gaya aur
thai baht lekar aaya, tab jaakar
hamari flight book hui.

humne check-in karke jab security clear
kar li tab hamari saans mein saans aayi aur
chupchaap boarding gate par baith gaye.

bhookh pyaas ab sab lagne lage the
to paani piya aur khane ki umeed
se flight board kar li, kismat ne bhi
saath diya aur swadisht khana mila
jisne chutki mein hamari frustration
choomantar kar di.

aakhir jo samay humne apne gharwalon ko bataya tha, kareeb-kareeb usi samay dilli pahunch gaye aur yeh raaz sabke liye ek raaz hi reh gaya.

Pehle Saal Ke Samachar

(Part 3: First Year of Marriage)

We spent twelve months together with a lot of ups and downs. We had fights, helped each other, and came to know about weaknesses and strengths of each other which made our bond stronger. There was freshness in every festival and occasion when we celebrated together for the first time.

The Beginning (Dec 2019)

hum log honeymoon se wapas aa chuke the aur gharwale jimmedariyan saupne ko tyaar baithe the, koi bacche karne ka gyaan de raha tha to koi aane wale bhavishya ki tasveer se humko rubaru karwa raha tha.

hum bhi naye-naye khiladiyon ki tarah
pehli ball par chauka maarne ki koshish
karte par lein-dein aur reeti-rivazon ki
googly ke saamne chook jaate.

2

First Month (Dec 2019)

marriage certificate banwane gaye to madam ne wahan pooch liya ki divorce karana ho agar humko to bhi yahi aana padega, bas jhagda ho gaya tha hamara.

shaadi ke baad pehli baar sasural se puja
ke liye bulawa aaya, apni manpasand
t-shirt aur jeans pehnkar mein nikal hi raha
tha ki pitaji ne tok diya 'pehli baar sasural
ja rahe ho barkhurdar, thoda dhang se jao,
aakhir damaad ho', phir kya tha, damaadji
gentleman bankar sasural mein padhare
aur laage sabko pyare.

sabhi rishtedaron ke yahan se humko ab
khane ke nyote aane lage aur ek-ek karke
hum sabhi ke yahan jaane lage, un naye
rishton ki mahak se dono chahak uthe.

mathura-vrindavan darshan karne
pahunche to na jaane kis baat par jhagda
hua aur fir teji se bade uske kadam,
tham se gaye mere kadam, jaise keh rahe
hon aaj baat nahi karenge hum.

kuch dino baad, yamuna nadi ka shrangar
ho raha tha, hum bhi shaamil hone
pahunche the par jyada khushi to humein
mathura ki tang galliyon mein hath mein
hath dalkar ghumne mein ho rahi thi.

shaadi ki pehli mahinagirah aa chuki thi aur wo maike thi, surprise dene ki iccha se shaam ko mein gaadi lekar nikla, kya pata tha dhund rupi yamraj ke darshan ho jayenge.

mujhse jyada to gaadi ghabrayi hui lag rahi thi, pata mujhe tab chala jab gaadi ke mukh se maine mahamritunjay mantra suna.

chaaron taraf safed andhkaar tha aur
mere mann mein sirf ek hi vichaar tha
'rukun ya chalta rahun'.

isi kashmkash mein gaadiyon ka

ek jhund mujhse kehta hua 'ab

kaisi dhund' mere paas se gujra aur

aankhon-hi-aankhon mein ishara

kar raasta dikha gaya.

soch raha tha na jaane wo kaise react karegi, kya mujhe hug karegi ya fir khushi se ro padegi, anant sambhavnao ke saath thand bhari raat mein yeh navpati uske ghar pahuncha.

wo apne room mein meri gift ki hui
book pad rahi thi, mujhe wahan achanak
dekhkar wo chounk gayi, fir ekdum se
uska reaction no reaction mein badal
gaya, daal mein kuch kaala nahi mujhe
to poori daal hi kaali lag rahi thi kyunki
mere aane ki khabar sirf sasur ji ko thi.

mere liye wo chai aur kuch snacks le aayi, lekin abhi bhi chehre par no reaction laga hua tha, nazrein uski mujhe chhorkar baaki sabhi jagah dekh rahi theen jaise darr lag raha ho ki raaj khul jayega.

hum baher khana khane gaye family ke
saath aur cake kaatkar celebrate kiya, yahan
uske chehre ne usse baazi maar li aur chehra
khil utha par raaj se parda aajtak nahi utha.

saal ka aakihri din usko apni bua ke yahan celebrate karna pada, wo aadhi raat ko phone-pe-phone kar rahi thi aur mera phone baat na karne ke bahane dhoond raha tha, shayad naraz tha mein usse.

3

Second Month (Jan 2020)

saal ka pehla suraj theek 7 baje nikla,
thand itni ki blanket se mera kuch
baher nahi nikla, jaane kaise wo
subah-subah bus pakad kar aa gayi,
blanket chhor mein aise bhaaga jaise
june ki garmi chha gayi.

shaadi ke baad jaise hi suryadev ne makar raashi mein pravesh kiya turant hi sasumaa ne chawal, diye, mithai aur na jaane kis-kis ko beti ke ghar jaane ka aadesh diya.

naye shahar se wo bilkul anjaan thi to us din city tour par nikle aur shahar ki mashoor jagahon se usko rubaru karaya gaya, 'mera shahar' ab 'hamara shahar' ho gaya tha.

shaadi thi meri cousin ki aur tabiyat

madam ki kharab ho gayi, enjoy

karna to dur raha pata hi nahi chala

kab khatam saari raat ho gayi.

4

Third Month (Feb 2020)

ek night lamp ki us din humne ek photo
se dosti kara di, photo tha mammi papa
ka kyunki shaadi ki saalgirah bhi unhi
ki thi, aajkal dono dost bed ki side table
par mauj mein baithe rehte hain.

pehla-pehla valentine tha,
pehli-pehli baar tha, auli pahunche
the dono kyunki dena ek dusre ko
khoobsurat uphaar tha.

uske janamdin par gift ke liye maine ek
video plan ki thi jisme uske aur mere
gharwalon ne ek-ek video message record
kiya, do-teen video messages bikul akhiri
waqt par aaye jinko daalna abhi baaki tha
aur raat ke 12 bajne wale the.

wo mere ek-ek step par nazar rakh rahi
thi jasooson ki tarah, badi mushkil se
idhar-udhar ki baat banakar mein room
se baher aaya aur video ko edit kiya,
saath hi chupchaap uske cute se phone
ko mute kar diya.

cake jo maine din mein manga liya tha
hotel waalon se kehkar wo raat ko 12
baje room mein aa gaya, madam ne
bade shaleen tareeke se cake cut kiya aur
aankhein intezaar karne lagi tohfe ka.

hum bhi tyaar the apne video ke saath,
socha ki video ko badi screen par chalakar
dikhaya jaaye par television mil nahi
paaya, aakhir tripod par phone set kiya aur
shubhkamnayon ki shuruaat hui.

bas fir kya tha, wo video dekh rahi thi
aur mein usko, kaafi emotional ho gayi
thi wo aur bina kuch kahe hi so gayi.

subah naye doston ke saath dobara
cake cut kiya aur vlog mein usne
aakhir keh hi diya 'it touched my
heart', choti si koshish kaamyaab hui.

shivratri ke mauke par pehli baar dono ne
saath vrat rakha aur puja-archana ki, shaam
ko vrat khola naye-naye vyanjano ke saath
jisme aloo bhalle ko varshney ratna prapt
hua swad category mein.

5

Fourth Month (Mar 2020)

isi dauran saale ki shaadi ko ladki
dekhne gaye, un dono ko baat karte
dekh hamari apni yaadein taaza ho
gayin, meri tarah saale saheb bhi apna dil
de baithe aur baat pakki ho gayi.

hamari pehli holi alag-alag mani, wo apne
shahar thi aur mein apne, gharwalon ko kisi ne
keh diya ki holi ke din subah-subah raasta safe
nahi hai aur idhar-udhar ki baaton mein mere
rang uske rangon mein rang nahi paaye.

lockdown lag chuka tha aur corona apne charam par tha to humne tiktok videos banane shuru kiye, dheere-dheere logon ko videos dekhne mein maja aane laga aur humein banane mein.

Fifth Month (Apr 2020)

ek din kisi baat par hamara jhagda ho gaya
aur mere haathon plate toot gayi, thodi
der ke baad ghar ke darwaje ki ghanti baji,
jaldbaazi mein mujhe hi plate uthakar
rakhni padi aur safai bhi karni padi.

kuch tiktok videos anjaane mein aise
ban pade jo viral ho uthe aur kaafi
charcha mein rahe, aalam yeh tha ki log
phone par haalchaal ki jagah tiktok ke
baare mein poochte.

pura samay khaali ja raha tha to humne
golgappa challenge, eye-blink challenge
aur pizza challenge ke videos banaye
apne youtube channel ke liye, maje ki
baat yeh rahi ki teeno ka sujhav usi ka
tha aur teeno mein hi wo haar gayi.

Sixth Month (May 2020)

sasumaa sasurji ki shaadi ki
saalgirah ka wo satra, jiske liye
humne likha tha ek patra, patra mein the
unke rochak pal ekatra, panditji
bole 'lag raha hai pushya hai is samay
chandrama ka nakshatra'.

pata hi nahi chala ki kab ek dusre ko mile
hue ek saal beet gaya, ji han, hamari
roka anniversary aa chuki thi jisko
humne lockdown mein candle light dinner
ke saath ghar par celebrate kiya, us raat
music slow tha par hum high the.

hamari 6-month wedding anniversary par usne apne haathon se chheh khat likhe aur unko candles ke beech table par kuch is tarah sajaya ki un khaton ne mujhse mere hi aks ko rubaru karaya.

8

Seventh Month (Jun 2020)

lockdown mein roj usko kuch na
kuch bhoot chadta, kabhi painting to
kabhi crafting, kabhi cooking to kabhi
kuch aur, in sabke beech usne ghar ki
entrance wall par ek khoobsurat paid
bana diya jis par aaj bhi mein pakshiyon
ke aane ka intezaar kar raha hun.

isi dauran hamari kahani 'tohfaa shaadi ka'
ke roop mein kindle par publish ho gayi,
jis par hum pichle chheh mahine se
kaam kar rahe the, ab mein do kitaabon
ka lekhak ho chuka tha.

ek din khabar aayi ki tiktok ban ho
gaya hai, aisa laga maano hamara safar
bechain ho gaya hai, followers teji se
badte jo ja rahe the, paanch-paanch
videos roj chadte jo ja rahe the, lag
raha tha ban karne walon ko shayad
kuch vaham ho gaya hai.

9

Eighth Month (Jul 2020)

dheere-dheere 'tohfaa shaadi ka' logon ko pasand aane lagi aur amazon par reviews ke saath chehkaane lagi.

hum kabhi ek dusre ko review dikhate to
kabhi usko discuss karte, kabhi whatsapp
par daalte to kabhi social media par aur
logon ke feeds mein aatank machate.

koi kuch kehta to koi kuch, sabhi acche
reviews ke beech ek review aisa aaya
ki hadh hi ho gayi 'bhot hi bekar thi.
ekdam boring ufff' aur ek star diya bas.

10

Ninth Month (Aug 2020)

zindagi mein pehli baar friendship day
manaya wo bhi madam ke kehne par
aur gulab ka phool diya chocolates ke
saath madam ko wo bhi madam ke
kehne par.

mera sasural jaana hua rakshabandhan
par ghee-boore ki rashm ke liye,
ghee-boora to khaya hi saath mein
biwi aur uske bhaiyon ke saath chhat
par cricket bhi khela.

pehli baar hum dono cricket ke maidan
mein aamne saamne the, jisme usne
meri ball par mujhe hi catch thama diya
ek chakka marne ke baad.

ek subah bageeche mein jitne bhi tarah
ke phool the sab usne tod liye aur jo tut
na sake wo mujhse keh-keh ke tudwa
liye, aakhir usko thakurji ka shrangar jo
karna tha hamari pehli janmasthami par.

ji han, hua tha pehli baar jise chaha
baar-baar, 'tohfaa shaadi ka' kindle par
no. 1 bestseller ho gayi poore bharat
mein, khushi sirf bees minute ki thi par
ehsaas umra bhar rehna tha.

11

Tenth Month (Sep 2020)

un dino wo maike mein zaike
le rahi thi, unhi zaiko mein stitching ka
bukhar aa chadha, kuch na kuch
wo roj banati aur jabardasti
mujhse pasand karwati.

stitching ka bukhar itna jyada tha ki
phone par mujhe uski awaaz se jyada
machine ki awaaz sunai deti, jisse mein
irritate hota aur hamara jhagda ho jaata,
fir wo mujhe manati aur aisa roj hota.

hum do aur hamare do cushions aksar
gaadi mein saath-saath safar karte
the, stitching ke bukhar ki maar unko
bhi padi, 'khoobsurat kaise lagne lage
hum' soch-soch kar dono ke bure
haal ho chuke the.

12

Eleventh Month (Oct 2020)

ek din mere chhote bhai ki shaadi ke liye ladki dekhne gaye, baaton ka silsila poore chaar ghante chala aur han hui, hamari nazrein fir se apne atit ko yaad karke muskura deen.

hamari sagai hue ek saal ho chuka tha,
kahin to chalo keh-keh ke patnimukh laal
ho chuka tha, corona jaari tha par kuch
restaurants khulne lage the, barbeque nation
humein us raat dekhkar gulaal ho chuka tha.

13

Twelfth Month (Nov 2020)

mahine ki shuruaat ek buri khabar se hui, amazon ne hamari kahani 'tohfaa shaadi ka' kindle se hata di yeh kehkar ki novel ka content policy ke against hai, us samay 'tohfaa shaadi ka' sirf courtship ki kahani thi.

pehla karwachauth aaya aur ek chaand
apni shaadi ka lehnga pehnkar dusre
chaand ka bhookhe pet raat 11 baje tak
intezaar karta raha, ek mere ghar ka tha
to dusra mere shahar ka, ek thaka tha to
dusra dhaka tha, ant mein dusre shahar
ke chaand ko video call par jabardasti
bulwaya, tab kahin jaakar mere chaand
ne apna pehla karwachauth manaya.

dhanteras par dhanvarsha ki chahat
liye hum apna dhankharch karne
nikle, bazaar ne dhankharch layak
kuch nahi dikhaya to humne
dhankharch ka geet online gaaya,
agle din pata chala ki humne kuch
nahi kamaya jab wohi dhankharch
radd hokar account mein laut aaya.

diwali par ek jaroori kaam ne is
suljhe hue vyakti ko aisa uljhaya ki
subah ke nikle shaam ko ghar pahunche,
pujan bhi deri se hua aur sasural
se aaye jyadatar patakhe apni baari
ka intezaar hi karte reh gaye.

bhai dooj ke din saale ka ghar
aana hua aur mera usse milna na
ke barabar raha, suljha hua vyakti
arthaat mein us din bhi jaroori kaam
mein atak raha tha jo biwi ko bahut
zor se khatak raha tha.

chhote bhai ki shaadi ke kaam the faile
hue aur hum baat goa jaane ki kar rahe
the, maano hamari shaadi ki saalgirah
aur mera janamdin apne liye kuch samay
maangne ki koshish kar rahe the.

gharwale bilkul bhi khush nahi the hamare
goa jaane ke plan se, fir bhi humne
socha ki pehle in do dino ko to yaadgaar
banaya jaaye, shaadi ki tyaariyaan bhi kar
lenge to hum nikal gaye.

hum goa apne hotel phunche, raat ko 12 bajte hi usne mujhe neend se jagakar birthday wish kiya aur ek coffee mug gift kiya jis par sunhare aksharon mein likha tha 'the best writers are born in november'.

subah hote hi upharon ka silsila shuru
ho gaya, dusra gift subah uthte hi mila,
teesra breakfast ke baad mila, fir to
poore din ghoomte-ghoomte kuch na
kuch gifts milte hi rahe aur raat ko jab
hum hotel wapas pahunche to poora
room saja hua tha cake ke saath.

adbhut, akalpniye, avishvashniye sa
tha sab kyunki poore din to wo mere
saath thi, usse poochte-poochte, andaza
lagate-lagate, isi khushi aur hairani ke
beech aakhir maharaj ka cake cut gaya
par rahashya abhi bhi kayam tha.

abhi bhi kuch gifts baaki the jo mujhe
ek hamper mein rakhkar diye gaye
jinmein face mask aur hand sanitizer
mukhya aakarshan ka kendre rahe.

badi minnatein karwane ke baad usko mujh par taras aaya fir mujhe flashback mein le jaaya gaya aur poora kissa bataya gaya.

covid ka mahol tha aur cake bhaisaab
kahin aa ja nahi rahe the, chintit biwi ko
ek delivery boy mila jisne cake bhaisaab
ko do ghoont diye pila, fir kya tha,
jhoomte-jhoomte cake aaya aur hotel
walon ne jhatpat room sajaya.

rahi baat shaadi ki saalgirah ki to
subah-subah hamara jhagda ho gaya
aur poora goa humne muh fulakar
ghuma, vlogging mujhe akele hi karni
padi, shaam aate-aate jhagda khatam
hua tab jaakar humne ek dusre ko
'happy wedding anniversary' bola aur
jamkar cruise par dance kiya.

hotel aate-aate fir baaton ka aisa silsila
shuru hua ki bhool hi gaye koi jhagda hua
bhi tha aur goa hamesha ke liye hamare
itihaas ke panno mein darj ho gaya.

Thank You

Dear reader, I'm so thankful to you that you have spent your precious time on this book. It's really good to see if somebody is reading a book in the world of movies & webseries. When this book was published initially on kindle, it became an instant bestseller.

I'd like to invite you to show your creativity with the book in the form of image or short video on social media with hashtag *#TohfaaShaadiKa* and get a chance to be featured on my profile. Let's see how good your phone camera skills are. I'm available on all popular social media platforms so don't forget to tag me.